HeilpraktikerR

Heilpraktikergesetz / Erste Durchführungsverordnung zum Gesetz über die berufsmäßige Ausübung der Heilkunde ohne Bestallung / Gesetz über die Werbung auf dem Gebiete des Heilwesens (Heilmittelwerbegesetz – HWG) und ergänzende Hinweise aus dem BGB

Impressum

© MGJV-Verlag, Hans-Much-Weg 14, 20249 Hamburg, Telefon: 040/ 32030589; Bitte wenden Sie sich mit Ihren Anliegen auch auf elektronischem Wege an uns: MGJV.Verlag@gmail.com

Inhaltliche Verantwortung und Aktualität: Redaktion MGJV

Satz, Druck und Bindung: Externe Dienstleister; alle Rechte MGJV-Verlag

Umschlaggestaltung: Gustav Broedecker. Alle Rechte MGJV-Verlag

Wir sind bemüht, ein ansprechendes Produkt zu gestalten, dass angemessenen Ansprüchen an das Preis/Leistungsverhältnis und vernünftigen Qualitätserwartungen gerecht wird. Konstruktive Anregungen nutzen wir gerne, um künftige Auflagen zu ergänzen und anzupassen.

- - - - -

Über eine Bewertung bei Amazon oder anderen Distributoren freut sich die Redaktion. Mit Kritik und Verbesserungsvorschlägen für künftige Ausgaben wenden Sie sich auch gerne an MGJV.Verlag@gmail.com

Vielen Dank, Ihre Redaktion MGJV

1

Inhaltsverzeichnis

3

Gesetz über die berufsmäßige Ausübung der Heilkunde ohne Bestallung

Heilpraktikergesetz

-

HeilprG

Ausfertigungsdatum: 17.02.1939

"Heilpraktikergesetz in der im Bundesgesetzblatt Teil III, Gliederungsnummer 2122-2, veröffentlichten bereinigten Fassung, das zuletzt durch Artikel 15 des Gesetzes vom 23. Oktober 2001 (BGBl. I S. 2702) geändert worden ist". Zuletzt geändert durch Art. 15 G v. 23.10.2001 I 2702

Fußnote

(+++ Textnachweis Geltung ab: 1.1.1975 +++)

-

Eingangsformel

Die Reichsregierung hat das folgende Gesetz beschlossen, das hiermit
verkündet wird:

-

§ 1

(1) Wer die Heilkunde, ohne als Arzt bestallt zu sein, ausüben will,
bedarf dazu der Erlaubnis.

(2) Ausübung der Heilkunde im Sinne dieses Gesetzes ist jede berufs-
oder gewerbsmäßig vorgenommene Tätigkeit zur Feststellung, Heilung
oder Linderung von Krankheiten, Leiden oder Körperschäden bei
Menschen, auch wenn sie im Dienste von anderen ausgeübt wird.

(3) Wer die Heilkunde bisher berufsmäßig ausgeübt hat und weiterhin
ausüben will, erhält die Erlaubnis nach Maßgabe der
Durchführungsbestimmungen; er führt die Berufsbezeichnung
"Heilpraktiker".

-

§ 2

(1) Wer die Heilkunde, ohne als Arzt bestallt zu sein, bisher
berufsmäßig nicht ausgeübt hat, kann eine Erlaubnis nach § 1 in
Zukunft ... erhalten.

(2) Wer durch besondere Leistungen seine Fähigkeit zur Ausübung der
Heilkunde glaubhaft macht, wird auf Antrag des *Reichsministers des
Innern* durch den *Reichsminister für Wissenschaft, Erziehung und*

Volksbildung unter erleichterten Bedingungen zum Studium der Medizin zugelassen, sofern er seine Eignung für die Durchführung des Medizinstudiums nachweist.

-

§ 3

Die Erlaubnis nach § 1 berechtigt nicht zur Ausübung der Heilkunde im Umherziehen.

-

§ 4

-

-

§ 5

Wer, ohne zur Ausübung des ärztlichen Berufs berechtigt zu sein und ohne eine Erlaubnis nach § 1 zu besitzen, die Heilkunde ausübt, wird mit Freiheitsstrafe bis zu einem Jahr oder mit Geldstrafe bestraft.

-

§ 5a

(1) Ordnungswidrig handelt, wer als Inhaber einer Erlaubnis nach § 1 die Heilkunde im Umherziehen ausübt.
(2) Die Ordnungswidrigkeit kann mit einer Geldbuße bis zu zweitausendfünfhundert Euro geahndet werden.

§ 6

(1) Die Ausübung der Zahnheilkunde fällt nicht unter die Bestimmungen dieses Gesetzes.

(2)

-

§ 7

Der *Reichsminister des Innern* erläßt ... die zur Durchführung ... dieses Gesetzes erforderlichen Rechts- und Verwaltungsvorschriften.

-

§ 8

(1) Dieses Gesetz tritt am Tag nach der Verkündung in Kraft.

(2) Gleichzeitig treten § 56a Abs. 1 Nr. 1 und § 148 Abs. 1 Nr. 7a der Reichsgewerbeordnung, soweit sie sich auf die Ausübung der Heilkunde im Sinne dieses Gesetzes beziehen, außer Kraft.

Erste Durchführungsverordnung zum Gesetz über die berufsmäßige Ausübung der Heilkunde ohne Bestallung (Heilpraktikergesetz)

-

HeilprGDV 1

Ausfertigungsdatum: 18.02.1939

"Erste Durchführungsverordnung zum Gesetz über die berufsmäßige Ausübung der Heilkunde ohne Bestallung (Heilpraktikergesetz) in der im Bundesgesetzblatt Teil III, Gliederungsnummer 2122-2-1, veröffentlichten bereinigten Fassung, die zuletzt durch Artikel 2 der Verordnung vom 4. Dezember 2002 (BGBl. I S. 4456) geändert worden ist"

Stand: Zuletzt geändert durch Art. 2 V v. 4.12.2002 I 4456

Fußnote

(+++ Textnachweis Geltung ab: 1.5.1975 +++)

-

Eingangsformel

Auf Grund § 7 des Gesetzes über die berufsmäßige Ausübung der Heilkunde ohne Bestallung (Heilpraktikergesetz) vom 17. Februar 1939 (Reichsgesetzbl. I S. 251) wird verordnet:

-

§ 1

-

-

§ 2

(1) Die Erlaubnis wird nicht erteilt,

a)

wenn der Antragsteller das 25. Lebensjahr noch nicht vollendet hat,

b)

wenn er nicht die deutsche Staatsangehörigkeit besitzt,

c) (weggefallen)

d)

wenn er nicht mindestens abgeschlossene Volksschulbildung nachweisen kann,

e) (weggefallen)

f)

wenn sich aus Tatsachen ergibt, daß ihm die ... sittliche Zuverlässigkeit fehlt, insbesondere, wenn schwere strafrechtliche oder sittliche Verfehlungen vorliegen,

g)

wenn er in gesundheitlicher Hinsicht zur Ausübung des Berufs ungeeignet ist,

h)

wenn mit Sicherheit anzunehmen ist, daß er die Heilkunde neben

9

einem anderen Beruf ausüben wird,

i)

wenn sich aus einer Überprüfung der Kenntnisse und Fähigkeiten des Antragstellers durch das Gesundheitsamt ergibt, daß die Ausübung der Heilkunde durch den Betreffenden eine Gefahr für die Volksgesundheit bedeuten würde.

(2)

Fußnote

§ 2 Abs. 1 Buchst. b: Nach Maßgabe der Entscheidungsformel mit Art. 2 Abs. 1 GG (100-1) unvereinbar und nichtig gem. BVerfGE v. 10.5.1988 I 1587 (1 BvR 482/84)

-

§ 3

(1) Über den Antrag entscheidet die untere Verwaltungsbehörde im Benehmen mit dem Gesundheitsamt.

(2) Der Bescheid ist dem Antragsteller, ... und der zuständigen Ärztekammer zuzustellen; das Gesundheitsamt erhält Abschrift des Bescheides. Der ablehnende Bescheid ist mit Gründen zu versehen.

(3) Gegen den Bescheid können der Antragsteller ... und die zuständige Ärztekammer binnen *zwei Wochen Beschwerde einlegen. Über diese entscheidet die höhere Verwaltungsbehörde* nach Anhörung eines Gutachterausschusses (§ 4).

Fußnote

§ 3 Abs. 3: IdF d. § 2 V v. 3.7.1941 I 368; Kursivdruck gem. § 77 Abs. 1
VwGO 340-1 durch §§ 68ff. VwGO ersetzt, jetzt Widerspruch innerhalb
eines Monats bei der erlassenden Behörde

-

§ 4

(1) Der Gutachterausschuß besteht aus einem Vorsitzenden, der
weder Arzt noch Heilpraktiker sein darf, aus zwei Ärzten sowie aus
zwei Heilpraktikern. Die Mitglieder des Ausschusses werden
vom *Reichsminister des Innern* ... für die Dauer von zwei Jahren
berufen. Die Landesregierungen werden ermächtigt, durch
Rechtsverordnung die zuständige Behörde abweichend von Satz 2 zu
bestimmen. Sie können diese Ermächtigung auf oberste
Landesbehörden übertragen.

(2) Für mehrere Bezirke höherer Verwaltungsbehörden kann ein
gemeinsamer Gutachterausschuß gebildet werden.

-

§ 5

-

-

§ 6

-

11

–

§ 7

(1) Die Erlaubnis ist durch die höhere Verwaltungsbehörde zurückzunehmen, wenn nachträglich Tatsachen eintreten oder bekannt werden, die eine Versagung der Erlaubnis nach § 2 Abs. 1 rechtfertigen würden. Die Landesregierungen werden ermächtigt, durch Rechtsverordnung die zuständige Behörde abweichend von Satz 1 zu bestimmen. Sie können diese Ermächtigung auf oberste Landesbehörden übertragen.

(2)

(3) Vor Zurücknahme der Erlaubnis nach Absatz 1 ist der Gutachterausschuß (§ 4) zu hören.

(4)

–

§§ 8 und 9 (weggefallen)

–

–

§ 10

(1) Anträge auf Zulassung zum Studium der Medizin gemäß § 2 Abs. 2 des Gesetzes sind an die für den Wohnort des Antragstellers zuständige höhere Verwaltungsbehörde einzureichen.

(2) Die Antragsteller dürfen das 30. Lebensjahr noch nicht

überschritten haben.

(3) Die höhere Verwaltungsbehörde prüft, ob die Voraussetzungen des
§ 2 der Verordnung erfüllt sind, und hört zu dem Antrag den
Gutachterausschuß (§ 4).

(4) Nach Abschluß der Ermittlungen legt sie den Antrag mit dem
Gutachten dem *Reichsminister des Innern* vor, der ... gegebenenfalls
den Antrag an den*Reichsminister für Wissenschaft, Erziehung und
Volksbildung* weiterleitet.

-

§ 11

(1) Höhere Verwaltungsbehörde im Sinne dieser Verordnung ist
in *Preußen,* Bayern ... der *Regierungspräsident,* in Berlin
der *Polizeipräsident,* ... im Saarland der *Reichskommissar für das
Saarland* und im übrigen die oberste Landesbehörde.

(2) Untere Verwaltungsbehörde im Sinne dieser Verordnung ist in
Gemeinden mit staatlicher Polizeiverwaltung die staatliche
Polizeibehörde, im übrigen in Stadtkreisen der *Oberbürgermeister,* in
Landkreisen der *Landrat.*

(3)

Fußnote

§ 11 Abs. 2: Kursivdruck vgl. jetzt die Gemeinde- u. Kreisordnungen
der Länder

-

13

§§ 12 bis 14 (weggefallen)

-

Gesetz über die Werbung auf dem Gebiete des Heilwesens

Heilmittelwerbegesetz - HWG

-

HWG

Ausfertigungsdatum: 11.07.1965

"Heilmittelwerbegesetz in der Fassung der Bekanntmachung vom 19. Oktober 1994 (BGBl. I S. 3068), das zuletzt durch Artikel 8a des Gesetzes vom 15. April 2015 (BGBl. I S. 583) geändert worden ist". Neugefasst durch Bek. v. 19.10.1994 I 3068; zuletzt geändert durch Art. 8a G v. 15.4.2015 I 583

Fußnote

(+++ Textnachweis Geltung ab: 1.1.1978 +++)

(+++ Umsetzung der

      EGRL 55/97 (CELEX Nr: 31997L0055)

      EWGRL 28/92 (CELEX Nr: 31992L0028) vgl. G v. 1.9.2000 I

1374 +++)

Überschrift: Legalabkürzung eingef. durch Art. 2 Nr. 1 G v. 30.7.2004 I
2031 mWv 6.8.2004

-

§ 1

(1) Dieses Gesetz findet Anwendung auf die Werbung für

1.

      Arzneimittel im Sinne des § 2 des Arzneimittelgesetzes,

1a.

      Medizinprodukte im Sinne des § 3 des Medizinproduktegesetzes,

2.

      andere Mittel, Verfahren, Behandlungen und Gegenstände, soweit

      sich die Werbeaussage auf die Erkennung, Beseitigung oder

      Linderung von Krankheiten, Leiden, Körperschäden oder

      krankhaften Beschwerden bei Mensch oder Tier bezieht, sowie

      operative plastisch-chirurgische Eingriffe, soweit sich die

      Werbeaussage auf die Veränderung des menschlichen Körpers

ohne medizinische Notwendigkeit bezieht.

(2) Andere Mittel im Sinne des Absatzes 1 Nr. 2 sind kosmetische Mittel im Sinne des § 2 Absatz 5 Satz 1 des Lebensmittel- und Futtermittelgesetzbuches. Gegenstände im Sinne des Absatzes 1 Nr. 2 sind auch Gegenstände zur Körperpflege im Sinne des § 2 Absatz 6 Nummer 4 des Lebensmittel- und Futtermittelgesetzbuches.

(3) Eine Werbung im Sinne dieses Gesetzes ist auch das Ankündigen oder Anbieten von Werbeaussagen, auf die dieses Gesetz Anwendung findet.

(4) Dieses Gesetz findet keine Anwendung auf die Werbung für Gegenstände zur Verhütung von Unfallschäden.

(5) Das Gesetz findet keine Anwendung auf den Schriftwechsel und die Unterlagen, die nicht Werbezwecken dienen und die zur Beantwortung einer konkreten Anfrage zu einem bestimmten Arzneimittel erforderlich sind.

(6) Das Gesetz findet ferner keine Anwendung beim elektronischen Handel mit Arzneimitteln auf das Bestellformular und die dort aufgeführten Angaben, soweit diese für eine ordnungsgemäße Bestellung notwendig sind.

(7) Das Gesetz findet ferner keine Anwendung auf Verkaufskataloge und Preislisten für Arzneimittel, wenn die Verkaufskataloge und Preislisten keine Angaben enthalten, die über die zur Bestimmung des jeweiligen Arzneimittels notwendigen Angaben hinausgehen.

(8) Das Gesetz findet ferner keine Anwendung auf die auf Anforderung einer Person erfolgende Übermittlung der nach den §§ 10 bis 11a des Arzneimittelgesetzes für Arzneimittel vorgeschriebenen vollständigen

Informationen und des öffentlichen Beurteilungsberichts für Arzneimittel nach § 34 Absatz 1a Satz 1 Nummer 2 des Arzneimittelgesetzes und auf die Bereitstellung dieser Informationen im Internet.

-

§ 2

Fachkreise im Sinne dieses Gesetzes sind Angehörige der Heilberufe oder des Heilgewerbes, Einrichtungen, die der Gesundheit von Mensch oder Tier dienen, oder sonstige Personen, soweit sie mit Arzneimitteln, Medizinprodukten, Verfahren, Behandlungen, Gegenständen oder anderen Mitteln erlaubterweise Handel treiben oder sie in Ausübung ihres Berufes anwenden.

-

§ 3

Unzulässig ist eine irreführende Werbung. Eine Irreführung liegt insbesondere dann vor,

1.

wenn Arzneimitteln, Medizinprodukten, Verfahren, Behandlungen, Gegenständen oder anderen Mitteln eine therapeutische Wirksamkeit oder Wirkungen beigelegt werden, die sie nicht haben,

2.

wenn fälschlich der Eindruck erweckt wird, daß

a)

ein Erfolg mit Sicherheit erwartet werden kann,

b)

bei bestimmungsgemäßem oder längerem Gebrauch keine
schädlichen Wirkungen eintreten,

c)

die Werbung nicht zu Zwecken des Wettbewerbs veranstaltet
wird,

3.

wenn unwahre oder zur Täuschung geeignete Angaben

a)

über die Zusammensetzung oder Beschaffenheit von
Arzneimitteln, Medizinprodukten, Gegenständen oder
anderen Mitteln oder über die Art und Weise der Verfahren
oder Behandlungen oder

b)

über die Person, Vorbildung, Befähigung oder Erfolge des
Herstellers, Erfinders oder der für sie tätigen oder tätig
gewesenen Personen

gemacht werden.

-

§ 3a

Unzulässig ist eine Werbung für Arzneimittel, die der Pflicht zur
Zulassung unterliegen und die nicht nach den arzneimittelrechtlichen
Vorschriften zugelassen sind oder als zugelassen gelten. Satz 1 findet
auch Anwendung, wenn sich die Werbung auf Anwendungsgebiete

oder Darreichungsformen bezieht, die nicht von der Zulassung erfasst sind.

-

§ 4

(1) Jede Werbung für Arzneimittel im Sinne des § 2 Abs. 1 oder Abs. 2 Nr. 1 des Arzneimittelgesetzes muß folgende Angaben enthalten:

1.

den Namen oder die Firma und den Sitz des pharmazeutischen Unternehmers,

2.

die Bezeichnung des Arzneimittels,

3.

die Zusammensetzung des Arzneimittels gemäß § 11 Abs. 1 Satz 1 Nr. 6 Buchstabe d des Arzneimittelgesetzes,

4.

die Anwendungsgebiete,

5.

die Gegenanzeigen,

6.

die Nebenwirkungen,

7.

Warnhinweise, soweit sie für die Kennzeichnung der Behältnisse und äußeren Umhüllungen vorgeschrieben sind,

7a.

bei Arzneimitteln, die nur auf ärztliche, zahnärztliche oder
tierärztliche Verschreibung abgegeben werden dürfen, der Hinweis
"Verschreibungspflichtig",

8.

die Wartezeit bei Arzneimitteln, die zur Anwendung bei Tieren
bestimmt sind, die der Gewinnung von Lebensmitteln dienen.
Eine Werbung für traditionelle pflanzliche Arzneimittel, die nach dem
Arzneimittelgesetz registriert sind, muss folgenden Hinweis enthalten:
"Traditionelles pflanzliches Arzneimittel zur Anwendung bei ...
(spezifiziertes Anwendungsgebiet/spezifizierte Anwendungsgebiete)
ausschließlich auf Grund langjähriger Anwendung".
(1a) Bei Arzneimitteln, die nur einen Wirkstoff enthalten, muß der
Angabe nach Absatz 1 Nr. 2 die Bezeichnung dieses Bestandteils mit
dem Hinweis: "Wirkstoff:" folgen; dies gilt nicht, wenn in der Angabe
nach Absatz 1 Nr. 2 die Bezeichnung des Wirkstoffs enthalten ist.
(2) Die Angaben nach den Absätzen 1 und 1a müssen mit denjenigen
übereinstimmen, die nach § 11 oder § 12 des Arzneimittelgesetzes für
die Packungsbeilage vorgeschrieben sind. Können die in § 11 Abs. 1
Satz 1 Nr. 3 Buchstabe a und Nr. 5 des Arzneimittelgesetzes
vorgeschriebenen Angaben nicht gemacht werden, so können sie
entfallen.
(3) Bei einer Werbung außerhalb der Fachkreise ist der Text "Zu
Risiken und Nebenwirkungen lesen Sie die Packungsbeilage und
fragen Sie Ihren Arzt oder Apotheker" gut lesbar und von den übrigen
Werbeaussagen deutlich abgesetzt und abgegrenzt anzugeben. Bei
einer Werbung für Heilwässer tritt an die Stelle der Angabe "die

Packungsbeilage" die Angabe "das Etikett" und bei einer Werbung für Tierarzneimittel an die Stelle "Ihren Arzt" die Angabe "den Tierarzt". Die Angaben nach Absatz 1 Nr. 1, 3, 5 und 6 können entfallen. Satz 1 findet keine Anwendung auf Arzneimittel, die für den Verkehr außerhalb der Apotheken freigegeben sind, es sei denn, daß in der Packungsbeilage oder auf dem Behältnis Nebenwirkungen oder sonstige Risiken angegeben sind.

(4) Die nach Absatz 1 vorgeschriebenen Angaben müssen von den übrigen Werbeaussagen deutlich abgesetzt, abgegrenzt und gut lesbar sein.

(5) Nach einer Werbung in audiovisuellen Medien ist der nach Absatz 3 Satz 1 oder 2 vorgeschriebene Text einzublenden, der im Fernsehen vor neutralem Hintergrund gut lesbar wiederzugeben und gleichzeitig zu sprechen ist, sofern nicht die Angabe dieses Textes nach Absatz 3 Satz 4 entfällt. Die Angaben nach Absatz 1 können entfallen.

(6) Die Absätze 1, 1a, 3 und 5 gelten nicht für eine Erinnerungswerbung. Eine Erinnerungswerbung liegt vor, wenn ausschließlich mit der Bezeichnung eines Arzneimittels oder zusätzlich mit dem Namen, der Firma, der Marke des pharmazeutischen Unternehmers oder dem Hinweis: "Wirkstoff:"geworben wird.

-

§ 4a

(1) Unzulässig ist es, in der Packungsbeilage eines Arzneimittels für andere Arzneimittel oder andere Mittel zu werben.

(2) Unzulässig ist es auch, außerhalb der Fachkreise für die im

Rahmen der vertragsärztlichen Versorgung bestehende
Verordnungsfähigkeit eines Arzneimittels zu werben.

-

§ 5

Für homöopathische Arzneimittel, die nach dem Arzneimittelgesetz
registriert oder von der Registrierung freigestellt sind, darf mit der
Angabe von Anwendungsgebieten nicht geworben werden.

-

§ 6

Unzulässig ist eine Werbung, wenn

1.

Gutachten oder Zeugnisse veröffentlicht oder erwähnt werden, die
nicht von wissenschaftlich oder fachlich hierzu berufenen
Personen erstattet worden sind und nicht die Angabe des
Namens, Berufes und Wohnortes der Person, die das Gutachten
erstellt oder das Zeugnis ausgestellt hat, sowie den Zeitpunkt der
Ausstellung des Gutachtens oder Zeugnisses enthalten,

2.

auf wissenschaftliche, fachliche oder sonstige Veröffentlichungen
Bezug genommen wird, ohne daß aus der Werbung hervorgeht,
ob die Veröffentlichung das Arzneimittel, das Verfahren, die
Behandlung, den Gegenstand oder ein anderes Mittel selbst
betrifft, für die geworben wird, und ohne daß der Name des

Verfassers, der Zeitpunkt der Veröffentlichung und die Fundstelle genannt werden,

3.

aus der Fachliteratur entnommene Zitate, Tabellen oder sonstige Darstellungen nicht wortgetreu übernommen werden.

-

§ 7

(1) Es ist unzulässig, Zuwendungen und sonstige Werbegaben (Waren oder Leistungen) anzubieten, anzukündigen oder zu gewähren oder als Angehöriger der Fachkreise anzunehmen, es sei denn, dass

1.

es sich bei den Zuwendungen oder Werbegaben um Gegenstände von geringem Wert, die durch eine dauerhafte und deutlich sichtbare Bezeichnung des Werbenden oder des beworbenen Produktes oder beider gekennzeichnet sind, oder um geringwertige Kleinigkeiten handelt; Zuwendungen oder Werbegaben sind für Arzneimittel unzulässig, soweit sie entgegen den Preisvorschriften gewährt werden, die auf Grund des Arzneimittelgesetzes gelten;

2.

die Zuwendungen oder Werbegaben in

a)

einem bestimmten oder auf bestimmte Art zu berechnenden Geldbetrag oder

23

b)

einer bestimmten oder auf bestimmte Art zu berechnenden
Menge gleicher Ware gewährt werden;
Zuwendungen oder Werbegaben nach Buchstabe a sind für
Arzneimittel unzulässig, soweit sie entgegen den Preisvorschriften
gewährt werden, die aufgrund des Arzneimittelgesetzes gelten;
Buchstabe b gilt nicht für Arzneimittel, deren Abgabe den
Apotheken vorbehalten ist;

3.

die Zuwendungen oder Werbegaben nur in handelsüblichem
Zubehör zur Ware oder in handelsüblichen Nebenleistungen
bestehen; als handelsüblich gilt insbesondere eine im Hinblick auf
den Wert der Ware oder Leistung angemessene teilweise oder
vollständige Erstattung oder Übernahme von Fahrtkosten für
Verkehrsmittel des öffentlichen Personennahverkehrs, die im
Zusammenhang mit dem Besuch des Geschäftslokals oder des
Orts der Erbringung der Leistung aufgewendet werden darf;

4.

die Zuwendungen oder Werbegaben in der Erteilung von
Auskünften oder Ratschlägen bestehen oder

5.

es sich um unentgeltlich an Verbraucherinnen und Verbraucher
abzugebende Zeitschriften handelt, die nach ihrer Aufmachung
und Ausgestaltung der Kundenwerbung und den Interessen der
verteilenden Person dienen, durch einen entsprechenden
Aufdruck auf der Titelseite diesen Zweck erkennbar machen und

in ihren Herstellungskosten geringwertig sind
(Kundenzeitschriften).

Werbegaben für Angehörige der Heilberufe sind unbeschadet des Satzes 1 nur dann zulässig, wenn sie zur Verwendung in der ärztlichen, tierärztlichen oder pharmazeutischen Praxis bestimmt sind. § 47 Abs. 3 des Arzneimittelgesetzes bleibt unberührt.

(2) Absatz 1 gilt nicht für Zuwendungen im Rahmen ausschließlich berufsbezogener wissenschaftlicher Veranstaltungen, sofern diese einen vertretbaren Rahmen nicht überschreiten, insbesondere in bezug auf den wissenschaftlichen Zweck der Veranstaltung von untergeordneter Bedeutung sind und sich nicht auf andere als im Gesundheitswesen tätige Personen erstrecken.

(3) Es ist unzulässig, für die Entnahme oder sonstige Beschaffung von Blut-, Plasma- oder Gewebespenden zur Herstellung von Blut- und Gewebeprodukten und anderen Produkten zur Anwendung bei Menschen mit der Zahlung einer finanziellen Zuwendung oder Aufwandsentschädigung zu werben.

-

§ 8

Unzulässig ist die Werbung, Arzneimittel im Wege des Teleshopping oder bestimmte Arzneimittel im Wege der Einzeleinfuhr nach § 73 Abs. 2 Nr. 6a oder § 73 Abs. 3 des Arzneimittelgesetzes zu beziehen. Die Übersendung von Listen nicht zugelassener oder nicht registrierter Arzneimittel, deren Einfuhr aus einem anderen Mitgliedstaat oder aus einem anderen Vertragsstaat des Abkommens über den Europäischen

Wirtschaftsraum nur ausnahmsweise zulässig ist, an Apotheker oder Betreiber einer tierärztlichen Hausapotheke ist zulässig, soweit die Listen nur Informationen über die Bezeichnung, die Packungsgrößen, die Wirkstärke und den Preis dieses Arzneimittels enthalten.

-

§ 9

Unzulässig ist eine Werbung für die Erkennung oder Behandlung von Krankheiten, Leiden, Körperschäden oder krankhaften Beschwerden, die nicht auf eigener Wahrnehmung an dem zu behandelnden Menschen oder Tier beruht (Fernbehandlung).

-

§ 10

(1) Für verschreibungspflichtige Arzneimittel darf nur bei Ärzten, Zahnärzten, Tierärzten, Apothekern und Personen, die mit diesen Arzneimitteln erlaubterweise Handel treiben, geworben werden.

(2) Für Arzneimittel, die psychotrope Wirkstoffe mit der Gefahr der Abhängigkeit enthalten und die dazu bestimmt sind, bei Menschen die Schlaflosigkeit oder psychische Störungen zu beseitigen oder die Stimmungslage zu beeinflussen, darf außerhalb der Fachkreise nicht geworben werden. Dies gilt auch für Arzneimittel, die zur Notfallkontrazeption zugelassen sind.

-

§ 11

(1) Außerhalb der Fachkreise darf für Arzneimittel, Verfahren, Behandlungen, Gegenstände oder andere Mittel nicht geworben werden

1.

    (weggefallen)

2.

    mit Angaben oder Darstellungen, die sich auf eine Empfehlung von Wissenschaftlern, von im Gesundheitswesen tätigen Personen, von im Bereich der Tiergesundheit tätigen Personen oder anderen Personen, die auf Grund ihrer Bekanntheit zum Arzneimittelverbrauch anregen können, beziehen,

3.

    mit der Wiedergabe von Krankengeschichten sowie mit Hinweisen darauf, wenn diese in missbräuchlicher, abstoßender oder irreführender Weise erfolgt oder durch eine ausführliche Beschreibung oder Darstellung zu einer falschen Selbstdiagnose verleiten kann,

4.

    (weggefallen)

5.

    mit einer bildlichen Darstellung, die in missbräuchlicher, abstoßender oder irreführender Weise Veränderungen des menschlichen Körpers auf Grund von Krankheiten oder Schädigungen oder die Wirkung eines Arzneimittels im menschlichen Körper oder in Körperteilen verwendet,

6.

(weggefallen)

7.

mit Werbeaussagen, die nahelegen, dass die Gesundheit durch die Nichtverwendung des Arzneimittels beeinträchtigt oder durch die Verwendung verbessert werden könnte,

8.

durch Werbevorträge, mit denen ein Feilbieten oder eine Entgegennahme von Anschriften verbunden ist,

9.

mit Veröffentlichungen, deren Werbezweck mißverständlich oder nicht deutlich erkennbar ist,

10.

(weggefallen)

11.

mit Äußerungen Dritter, insbesondere mit Dank-, Anerkennungs- oder Empfehlungsschreiben, oder mit Hinweisen auf solche Äußerungen, wenn diese in missbräuchlicher, abstoßender oder irreführender Weise erfolgen,

12.

mit Werbemaßnahmen, die sich ausschließlich oder überwiegend an Kinder unter 14 Jahren richten,

13.

mit Preisausschreiben, Verlosungen oder anderen Verfahren, deren Ergebnis vom Zufall abhängig ist, sofern diese Maßnahmen oder Verfahren einer unzweckmäßigen oder übermäßigen Verwendung von Arzneimitteln Vorschub leisten,

14.

durch die Abgabe von Arzneimitteln, deren Muster oder Proben oder durch Gutscheine dafür,

15.

durch die nicht verlangte Abgabe von Mustern oder Proben von anderen Mitteln oder Gegenständen oder durch Gutscheine dafür.

Für Medizinprodukte gilt Satz 1 Nr. 7 bis 9, 11 und 12 entsprechend. Ferner darf für die in § 1 Nummer 2 genannten operativen plastisch-chirurgischen Eingriffe nicht mit der Wirkung einer solchen Behandlung durch vergleichende Darstellung des Körperzustandes oder des Aussehens vor und nach dem Eingriff geworben werden.

(2) Außerhalb der Fachkreise darf für Arzneimittel zur Anwendung bei Menschen nicht mit Angaben geworben werden, die nahe legen, dass die Wirkung des Arzneimittels einem anderen Arzneimittel oder einer anderen Behandlung entspricht oder überlegen ist.

-

§ 12

(1) Außerhalb der Fachkreise darf sich die Werbung für Arzneimittel und Medizinprodukte nicht auf die Erkennung, Verhütung, Beseitigung oder Linderung der in Abschnitt A der Anlage zu diesem Gesetz aufgeführten Krankheiten oder Leiden bei Menschen beziehen, die Werbung für Arzneimittel außerdem nicht auf die Erkennung, Verhütung, Beseitigung oder Linderung der in Abschnitt B dieser

29

Anlage aufgeführten Krankheiten oder Leiden beim Tier. Abschnitt A Nr. 2 der Anlage findet keine Anwendung auf die Werbung für Medizinprodukte.

(2) Die Werbung für andere Mittel, Verfahren, Behandlungen oder Gegenstände außerhalb der Fachkreise darf sich nicht auf die Erkennung, Beseitigung oder Linderung dieser Krankheiten oder Leiden beziehen. Dies gilt nicht für die Werbung für Verfahren oder Behandlungen in Heilbädern, Kurorten und Kuranstalten.

-

§ 13

Die Werbung eines Unternehmens mit Sitz außerhalb des Geltungsbereichs dieses Gesetzes ist unzulässig, wenn nicht ein Unternehmen mit Sitz oder eine natürliche Person mit gewöhnlichem Aufenthalt im Geltungsbereich dieses Gesetzes oder in einem anderen Mitgliedstaat der Europäischen Union oder in einem anderen Vertragsstaat des Abkommens über den Europäischen Wirtschaftsraum, die nach diesem Gesetz unbeschränkt strafrechtlich verfolgt werden kann, ausdrücklich damit betraut ist, die sich aus diesem Gesetz ergebenden Pflichten zu übernehmen.

-

§ 14

Wer dem Verbot der irreführenden Werbung (§ 3) zuwiderhandelt, wird mit Freiheitsstrafe bis zu einem Jahr oder mit Geldstrafe bestraft.

§ 15

(1) Ordnungswidrig handelt, wer vorsätzlich oder fahrlässig

1.

   entgegen § 3a eine Werbung für ein Arzneimittel betreibt, das der
   Pflicht zur Zulassung unterliegt und das nicht nach den
   arzneimittelrechtlichen Vorschriften zugelassen ist oder als
   zugelassen gilt,

2.

   eine Werbung betreibt, die die nach § 4 vorgeschriebenen
   Angaben nicht enthält oder entgegen § 5 mit der Angabe von
   Anwendungsgebieten wirbt,

3.

   in einer nach § 6 unzulässigen Weise mit Gutachten, Zeugnissen
   oder Bezugnahmen auf Veröffentlichungen wirbt,

4.

   entgegen § 7 Abs. 1 und 3 eine mit Zuwendungen oder sonstigen
   Werbegaben verbundene Werbung betreibt,

4a.

   entgegen § 7 Abs. 1 als Angehöriger der Fachkreise eine
   Zuwendung oder sonstige Werbegabe annimmt,

5.

   entgegen § 8 eine dort genannte Werbung betreibt,

6.

entgegen § 9 für eine Fernbehandlung wirbt,

7.

entgegen § 10 für die dort bezeichneten Arzneimittel wirbt,

8.

auf eine durch § 11 verbotene Weise außerhalb der Fachkreise wirbt,

9.

entgegen § 12 eine Werbung betreibt, die sich auf die in der Anlage zu § 12 aufgeführten Krankheiten oder Leiden bezieht,

10.

eine nach § 13 unzulässige Werbung betreibt.

(2) Ordnungswidrig handelt ferner, wer fahrlässig dem Verbot der irreführenden Werbung (§ 3) zuwiderhandelt.

(3) Die Ordnungswidrigkeit nach Absatz 1 kann mit einer Geldbuße bis zu fünfzigtausend Euro, die Ordnungswidrigkeit nach Absatz 2 mit einer Geldbuße bis zu zwanzigtausend Euro geahndet werden.

-

§ 16

Werbematerial und sonstige Gegenstände, auf die sich eine Straftat nach § 14 oder eine Ordnungswidrigkeit nach § 15 bezieht, können eingezogen werden. § 74a des Strafgesetzbuches und § 23 des Gesetzes über Ordnungswidrigkeiten sind anzuwenden.

-

§ 17

Das Gesetz gegen den unlauteren Wettbewerb bleibt unberührt.

-

§ 18

(weggefallen)

-

Anlage (zu § 12)

Krankheiten und Leiden, auf die sich die Werbung gemäß § 12 nicht beziehen darf

Fundstelle des Originaltextes: BGBl. I 2005, 2599

A. Krankheiten und Leiden beim Menschen

1.

Nach dem Infektionsschutzgesetz vom 20. Juli 2000 (BGBl. I S. 1045) meldepflichtige Krankheiten oder durch meldepflichtige Krankheitserreger verursachte Infektionen,

2.

bösartige Neubildungen,

3.

Suchtkrankheiten, ausgenommen Nikotinabhängigkeit,

4.

krankhafte Komplikationen der Schwangerschaft, der Entbindung und des Wochenbetts.

B. Krankheiten und Leiden beim Tier

1.

Nach der Verordnung über anzeigepflichtige Tierseuchen und der Verordnung über meldepflichtige Tierkrankheiten in ihrer jeweils geltenden Fassung anzeige- oder meldepflichtige Seuchen oder Krankheiten,

2.

bösartige Neubildungen,

3.

bakterielle Eutererkrankungen bei Kühen, Ziegen und Schafen,

4.

Kolik bei Pferden und Rindern.

Bürgerliches Gesetzbuch (BGB)

(Auszüge zu Patientenrechten)

BGB

Ausfertigungsdatum: 18.08.1896

"Bürgerliches Gesetzbuch in der Fassung der Bekanntmachung vom 2. Januar 2002 (BGBl. I S. 42, 2909; 2003 I S. 738), das zuletzt durch Artikel 1 des Gesetzes vom 20. November 2015 (BGBl. I S. 2018) geändert worden ist". Neugefasst durch Bek. v. 2.1.2002 I 42, 2909;

2003, 738; zuletzt geändert durch Art. 1 G v. 20.11.2015 I 2018.

Untertitel 2

Behandlungsvertrag

-

§ 630a Vertragstypische Pflichten beim Behandlungsvertrag

(1) Durch den Behandlungsvertrag wird derjenige, welcher die medizinische Behandlung eines Patienten zusagt (Behandelnder), zur Leistung der versprochenen Behandlung, der andere Teil (Patient) zur Gewährung der vereinbarten Vergütung verpflichtet, soweit nicht ein Dritter zur Zahlung verpflichtet ist.

(2) Die Behandlung hat nach den zum Zeitpunkt der Behandlung bestehenden, allgemein anerkannten fachlichen Standards zu erfolgen, soweit nicht etwas anderes vereinbart ist.

-

§ 630b Anwendbare Vorschriften

Auf das Behandlungsverhältnis sind die Vorschriften über das Dienstverhältnis, das kein Arbeitsverhältnis im Sinne des § 622 ist, anzuwenden, soweit nicht in diesem Untertitel etwas anderes bestimmt ist.

-

§ 630c Mitwirkung der Vertragsparteien; Informationspflichten

(1) Behandelnder und Patient sollen zur Durchführung der Behandlung zusammenwirken.

(2) Der Behandelnde ist verpflichtet, dem Patienten in verständlicher Weise zu Beginn der Behandlung und, soweit erforderlich, in deren Verlauf sämtliche für die Behandlung wesentlichen Umstände zu erläutern, insbesondere die Diagnose, die voraussichtliche gesundheitliche Entwicklung, die Therapie und die zu und nach der Therapie zu ergreifenden Maßnahmen. Sind für den Behandelnden Umstände erkennbar, die die Annahme eines Behandlungsfehlers begründen, hat er den Patienten über diese auf Nachfrage oder zur Abwendung gesundheitlicher Gefahren zu informieren. Ist dem Behandelnden oder einem seiner in § 52 Absatz 1 der Strafprozessordnung bezeichneten Angehörigen ein Behandlungsfehler unterlaufen, darf die Information nach Satz 2 zu Beweiszwecken in einem gegen den Behandelnden oder gegen seinen Angehörigen geführten Straf- oder Bußgeldverfahren nur mit Zustimmung des Behandelnden verwendet werden.

(3) Weiß der Behandelnde, dass eine vollständige Übernahme der Behandlungskosten durch einen Dritten nicht gesichert ist oder ergeben sich nach den Umständen hierfür hinreichende Anhaltspunkte, muss er den Patienten vor Beginn der Behandlung über die voraussichtlichen Kosten der Behandlung in Textform informieren. Weitergehende Formanforderungen aus anderen Vorschriften bleiben unberührt.

(4) Der Information des Patienten bedarf es nicht, soweit diese

ausnahmsweise aufgrund besonderer Umstände entbehrlich ist, insbesondere wenn die Behandlung unaufschiebbar ist oder der Patient auf die Information ausdrücklich verzichtet hat.

-

§ 630d Einwilligung

(1) Vor Durchführung einer medizinischen Maßnahme, insbesondere eines Eingriffs in den Körper oder die Gesundheit, ist der Behandelnde verpflichtet, die Einwilligung des Patienten einzuholen. Ist der Patient einwilligungsunfähig, ist die Einwilligung eines hierzu Berechtigten einzuholen, soweit nicht eine Patientenverfügung nach § 1901a Absatz 1 Satz 1 die Maßnahme gestattet oder untersagt. Weitergehende Anforderungen an die Einwilligung aus anderen Vorschriften bleiben unberührt. Kann eine Einwilligung für eine unaufschiebbare Maßnahme nicht rechtzeitig eingeholt werden, darf sie ohne Einwilligung durchgeführt werden, wenn sie dem mutmaßlichen Willen des Patienten entspricht.

(2) Die Wirksamkeit der Einwilligung setzt voraus, dass der Patient oder im Fall des Absatzes 1 Satz 2 der zur Einwilligung Berechtigte vor der Einwilligung nach Maßgabe von § 630e Absatz 1 bis 4 aufgeklärt worden ist.

(3) Die Einwilligung kann jederzeit und ohne Angabe von Gründen formlos widerrufen werden.

-

37

§ 630e Aufklärungspflichten

(1) Der Behandelnde ist verpflichtet, den Patienten über sämtliche für die Einwilligung wesentlichen Umstände aufzuklären. Dazu gehören insbesondere Art, Umfang, Durchführung, zu erwartende Folgen und Risiken der Maßnahme sowie ihre Notwendigkeit, Dringlichkeit, Eignung und Erfolgsaussichten im Hinblick auf die Diagnose oder die Therapie. Bei der Aufklärung ist auch auf Alternativen zur Maßnahme hinzuweisen, wenn mehrere medizinisch gleichermaßen indizierte und übliche Methoden zu wesentlich unterschiedlichen Belastungen, Risiken oder Heilungschancen führen können.

(2) Die Aufklärung muss

1.

mündlich durch den Behandelnden oder durch eine Person erfolgen, die über die zur Durchführung der Maßnahme notwendige Ausbildung verfügt; ergänzend kann auch auf Unterlagen Bezug genommen werden, die der Patient in Textform erhält,

2.

so rechtzeitig erfolgen, dass der Patient seine Entscheidung über die Einwilligung wohlüberlegt treffen kann,

3.

für den Patienten verständlich sein.

Dem Patienten sind Abschriften von Unterlagen, die er im Zusammenhang mit der Aufklärung oder Einwilligung unterzeichnet hat, auszuhändigen.

(3) Der Aufklärung des Patienten bedarf es nicht, soweit diese ausnahmsweise aufgrund besonderer Umstände entbehrlich ist, insbesondere wenn die Maßnahme unaufschiebbar ist oder der Patient auf die Aufklärung ausdrücklich verzichtet hat.

(4) Ist nach § 630d Absatz 1 Satz 2 die Einwilligung eines hierzu Berechtigten einzuholen, ist dieser nach Maßgabe der Absätze 1 bis 3 aufzuklären.

(5) Im Fall des § 630d Absatz 1 Satz 2 sind die wesentlichen Umstände nach Absatz 1 auch dem Patienten entsprechend seinem Verständnis zu erläutern, soweit dieser aufgrund seines Entwicklungsstandes und seiner Verständnismöglichkeiten in der Lage ist, die Erläuterung aufzunehmen, und soweit dies seinem Wohl nicht zuwiderläuft. Absatz 3 gilt entsprechend.

-

§ 630f Dokumentation der Behandlung

(1) Der Behandelnde ist verpflichtet, zum Zweck der Dokumentation in unmittelbarem zeitlichen Zusammenhang mit der Behandlung eine Patientenakte in Papierform oder elektronisch zu führen. Berichtigungen und Änderungen von Eintragungen in der Patientenakte sind nur zulässig, wenn neben dem ursprünglichen Inhalt erkennbar bleibt, wann sie vorgenommen worden sind. Dies ist auch für elektronisch geführte Patientenakten sicherzustellen.

(2) Der Behandelnde ist verpflichtet, in der Patientenakte sämtliche aus fachlicher Sicht für die derzeitige und künftige Behandlung wesentlichen Maßnahmen und deren Ergebnisse aufzuzeichnen,

insbesondere die Anamnese, Diagnosen, Untersuchungen, Untersuchungsergebnisse, Befunde, Therapien und ihre Wirkungen, Eingriffe und ihre Wirkungen, Einwilligungen und Aufklärungen. Arztbriefe sind in die Patientenakte aufzunehmen.

(3) Der Behandelnde hat die Patientenakte für die Dauer von zehn Jahren nach Abschluss der Behandlung aufzubewahren, soweit nicht nach anderen Vorschriften andere Aufbewahrungsfristen bestehen.

-

§ 630g Einsichtnahme in die Patientenakte

(1) Dem Patienten ist auf Verlangen unverzüglich Einsicht in die vollständige, ihn betreffende Patientenakte zu gewähren, soweit der Einsichtnahme nicht erhebliche therapeutische Gründe oder sonstige erhebliche Rechte Dritter entgegenstehen. Die Ablehnung der Einsichtnahme ist zu begründen. § 811 ist entsprechend anzuwenden.

(2) Der Patient kann auch elektronische Abschriften von der Patientenakte verlangen. Er hat dem Behandelnden die entstandenen Kosten zu erstatten.

(3) Im Fall des Todes des Patienten stehen die Rechte aus den Absätzen 1 und 2 zur Wahrnehmung der vermögensrechtlichen Interessen seinen Erben zu. Gleiches gilt für die nächsten Angehörigen des Patienten, soweit sie immaterielle Interessen geltend machen. Die Rechte sind ausgeschlossen, soweit der Einsichtnahme der ausdrückliche oder mutmaßliche Wille des Patienten entgegensteht.

-

§ 630h Beweislast bei Haftung für Behandlungs- und Aufklärungsfehler

(1) Ein Fehler des Behandelnden wird vermutet, wenn sich ein allgemeines Behandlungsrisiko verwirklicht hat, das für den Behandelnden voll beherrschbar war und das zur Verletzung des Lebens, des Körpers oder der Gesundheit des Patienten geführt hat.

(2) Der Behandelnde hat zu beweisen, dass er eine Einwilligung gemäß § 630d eingeholt und entsprechend den Anforderungen des § 630e aufgeklärt hat. Genügt die Aufklärung nicht den Anforderungen des § 630e, kann der Behandelnde sich darauf berufen, dass der Patient auch im Fall einer ordnungsgemäßen Aufklärung in die Maßnahme eingewilligt hätte.

(3) Hat der Behandelnde eine medizinisch gebotene wesentliche Maßnahme und ihr Ergebnis entgegen § 630f Absatz 1 oder Absatz 2 nicht in der Patientenakte aufgezeichnet oder hat er die Patientenakte entgegen § 630f Absatz 3 nicht aufbewahrt, wird vermutet, dass er diese Maßnahme nicht getroffen hat.

(4) War ein Behandelnder für die von ihm vorgenommene Behandlung nicht befähigt, wird vermutet, dass die mangelnde Befähigung für den Eintritt der Verletzung des Lebens, des Körpers oder der Gesundheit ursächlich war.

(5) Liegt ein grober Behandlungsfehler vor und ist dieser grundsätzlich geeignet, eine Verletzung des Lebens, des Körpers oder der Gesundheit der tatsächlich eingetretenen Art herbeizuführen, wird vermutet, dass der Behandlungsfehler für diese Verletzung ursächlich war. Dies gilt auch dann, wenn es der Behandelnde unterlassen hat, einen medizinisch gebotenen Befund rechtzeitig zu erheben oder zu

sichern, soweit der Befund mit hinreichender Wahrscheinlichkeit ein Ergebnis erbracht hätte, das Anlass zu weiteren Maßnahmen gegeben hätte, und wenn das Unterlassen solcher Maßnahmen grob fehlerhaft gewesen wäre.

Über eine Bewertung bei Amazon oder anderen Distributoren freut sich die Redaktion. Mit Kritik und Verbesserungsvorschlägen für künftige Ausgaben wenden Sie sich auch gerne an MGJV.Verlag@gmail.com. Wenden Sie sich auch gerne an uns, Wenn Ihrer Ansicht nach eine wesentliche Vorschrift in der Sammlung fehlt.

Vielen Dank, Ihre Redaktion MGJV

www.ingramcontent.com/pod-product-compliance
Lightning Source LLC
Chambersburg PA
CBHW071015180526
45168CB00003B/1430

* 9 781511 846011 *